Yanmar

YANMAR MARINE DIESEL ENGINE YSE8 & YSE12

Service Manual

Yanmar

YANMAR MARINE DIESEL ENGINE YSE8 & YSE12

Service Manual

ISBN/EAN: 9783954272990
Erscheinungsjahr: 2013
Erscheinungsort: Bremen, Deutschland

© maritimepress in Europäischer Hochschulverlag GmbH & Co. KG, Fahrenheitstr. 1, 28359 Bremen. Alle Rechte beim Verlag und bei den jeweiligen Lizenzgebern.

www.maritimepress.de | office@maritimepress.de

Bei diesem Titel handelt es sich um den Nachdruck eines historischen, lange vergriffenen Buches. Da elektronische Druckvorlagen für diese Titel nicht existieren, musste auf alte Vorlagen zurückgegriffen werden. Hieraus zwangsläufig resultierende Qualitätsverluste bitten wir zu entschuldigen.

YANMAR

OPERATION MANUAL
MANUEL D'OPERATION
MANUAL DE OPERACION

YSE8
YSE12
5~12 HP

NAME OF PARTS

NOM DES ORGANES

1. Fuel tank
2. Fuel cock
3. Generator
4. Starting motor
5. Flywheel housing
6. Gear lever
7. Fuel tank drain plug
8. Propeller shaft coupling
9. Engine foot
10. Lub. oil drain pipe
11. Locking pin for starting shaft
12. Eye nut (for lifting engine)
13. Starting shaft
14. Exhaust elbow
15. Anticorrosive zinc cover
16. Flexible coupling
17. Flexible mounting
18. Decompression lever
19. Cooling water pump
20. Intake pipe
21. Drain cock for cooling water
22. Fuel injection valve

1. Réservoir de combustible
2. Robinet de combustible
3. Générateur
4. D'emarreur electrique
5. Carter d'volant
6. Levier d'inverseur
7. Bonchon de vidange du réservoir
8. Jeu d'accouplement pour l'arbre porte-hélice
9. Semmelle
10. Tube vidange de l'huile de graissage
11. Frein arbre lanceur
12. Anneau de levage de moteur
13. Arbre lanceur
14. Pipe d'échappement

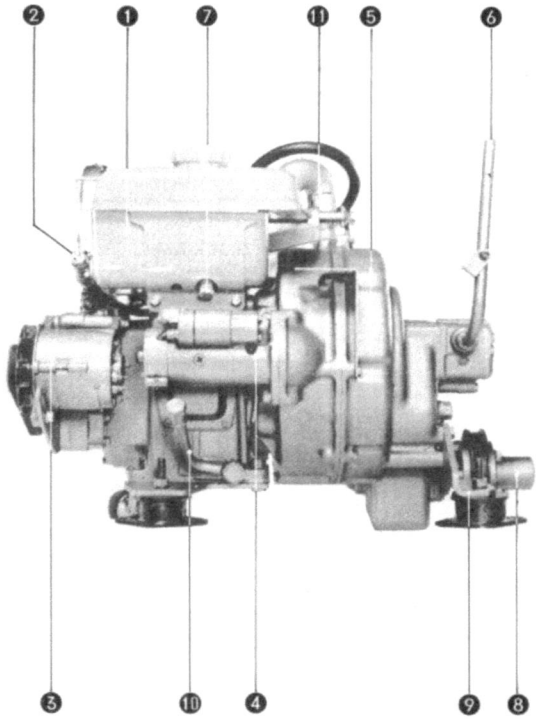

NOMBRE DE LAS PIEZAS

15. Couvercle zinc d'anti-corrosion
16. Accouplement souple
17. Supports de moteur souples
18. Levier de décompression
19. Pompe à eau de refroidissement
20. Pipe d'admission
21. Robinet vidange de l'eau de refroidissement
22. Soupape d'injection du combustible

1. Tanque de combustible
2. Grifo del combustible
3. Generador
4. Arrancador
5. Cárter de volante
6. Palanca de engranaje
7. Tapón de drenaje del tanque de combustible
8. Soporte del motor
9. Conexión para el eje propulsor
10. Tubería de drenaje de aceite lubricante
11. Clavija de cierre del árbol de inicio
12. Tuerca con grillete (para el izamiento del motor)
13. Arbol de inicio
14. Codo de escape
15. Cubierta de zinc anticorrosiva
16. Conexión flexible
17. Montura flexible
18. Palanca de decompresión
19. Bomba del agua de enfriamiento
20. Tubería de aspiración
21. Grifo de drenaje para el agua de enfriamiento
22. Válvula de inyección de combustible

BEFORE USING THE ENGINE
AVANT L'UTILISATION DU MOTEUR
ANTES DE USAR EL MOTOR

1. Fuel oil 1. Combustible 1. Aceite combustible
1) Use well refined diesel oil as fuel.
2) Never fail to remove any deposit or dirt when filling.
1) Utiliser du gas-oil diesel bien épurée.
2) Débarrasser surtout le combustible des saletés qu'il contient lors de l'alimentation.
1) Usar un buen aceite diesel refinado como combustible.
2) No olvidar nunca de retirar cualquier depósito o suciedad cuando se carga el combustible.

Note) Presence of water or dust in the fuel may cause failure of the engine and early wear of the plunger, of the fuel injection pump and the fuel injection valve nozzle.
Water and dust in the fuel should be precipitated and pure fuel used.

Note) La présence d'eau et de saletés dans le combustible peut affecter le bon fonctionnement du moteur et entrainer une usure rapide du plongeur de la pompe d'injection de combustible et du bec de la soupape d'injection de combustible.

De l'eau et des saletés dans le combustible doivent être condensés et il faut utiliser un combustible pur.

Nota) La presencia de agua o polvo en el combustible, puede ocasionar fallas en el motor y el rápido desgaste del émbolo para la bomba de inyección de combustible y del inyector para la válvula de inyección de combustible.
El agua y polvo dentro del aceite deben ser precipitado y se usará el aceite completamente limpio.

[1-1] Recommended Brands of Fuel
[1-1] Marques de combustibles recommandés
[1-1] Marcas de combustible recomendadas

Supplier Fournisseur Proveedor	Brand Name Noms de la marque Marca registrada
Shell	Shell Diesoline or local equivalent Shell Diesoline ou un équivalent local Shell Diesoline o equivalenté local
CALTEX	Caltex Diesel oil Diesel oil Caltex Diesel oil Caltex Aceite Caltex Diesel
MOBIL	Mobil Diesel oil Diesel oil Mobil Aceite Mobil Diesel
ESSO	Esso Diesel oil Diesel oil Esso Aceite Esso Diesel
B.P. (British Petroleum)	B.P. Diesel oil Diesel oil B.P. Aceite B.P. Diesel

[1-2] Fuel tank capacity
[1-2] Capacité du réservoir de combustible
[1-2] Capacidad del tanque de combustible
YSE8 .... 6.5 litres/L/litros
YSE12 .... 9.5 litres/L/litros

2. Lubricating oil
2. Huile de graissage
2. Aceite lubricante

1) Choose an oil with proper viscosity for the ambient temperature.
2) In adding lub. oil, do not mix different kinds of oil. (brands and/or viscosity)

1) Il faut choisir une huile visqueuse propre à une température ambiante.
2) Lors de l'alimentation d'huile de graissage, éviter de mélanger plusieurs sortes d'huile (marques et/ou viscosité).

1) Elegir un aceite con adecuada viscosidad para la temperatura ambiente.
2) Al suministrar aceite lubricante, no mezclar diferentes tipos de aceite (marcas y/o viscosidad).

[2-1] Recommended brands of lub. oil
[2-1] Huiles de graissage recommandées   [2-1] Marcas de aceite lubricante recomendadas

Supplier Fournisseur Proveedor	Brand Name Nom de la marque Marca registrada	SAE NO.			
		below au-dessous 10℃ menor	10~20℃	20~35℃	over au-dessous 35℃ mayor de
SHELL	Shell Rotella Oil	10W, 20/20W	20/20W	30 40	50
	Shell Talona Oil	10W	20	30 40	50
	Shell Rimula Oil	20/20W	20/20W	30 40	—
CALTEX	RPM Delo Marine Oil	10W	20	30 40	50
	RPM Delo Multi-Service Oil	20/20W, 10W	20	30	50
MOBIL	Delvac Special	10W	20	30	—
	Delvac 20W—40	20W—40	20W—40	—	—
	Delvac 1100 Series	10W, 20/20W	20/20W	30 40	50
	Delvac 1200 Series	10W, 20/20W	20/20W	30 40	50
ESSO	Estor HD	10W	20	30 40	—
	Esso Lube HD	—	20	30 40	50
	Standard Diesel Oil	10W	20	30 40	50
B.P. British Petroleum	B.P. Energol 1CM B.P. Vanellus * B.P. Diesel S3 B.P. Vanellus S3 **	20W	20W	40	50

— 6 —

[2-2] Amount of lub. oil
[2-2] Quartités des huiles de lubrification
[2-2] Cantidad de aceite lubricante

	Crankcase Carter moteur Caja dedireccion	Clutch case Carter de transmission Caja de embraque
YSE8	1.9 litres / L / litros	0.8 litres / L / litros
YSE12	3.3 litres / L / litros	0.7 litres / L / litros

3. Running in
3. Le rodage
3. Puesta a punto del motor

1) The new engine must be carefully run in during the first 50 Hrs and not subjected to strain.

1) Un moteur neuf doit être rodé pendant les premières 50 heures sans imposant des surcharges

1) El motor nuevo, debe ser cuidadosamente operado durante las primeras 50 horas, y no debe estar sujeto a esfuerzos excesivos.

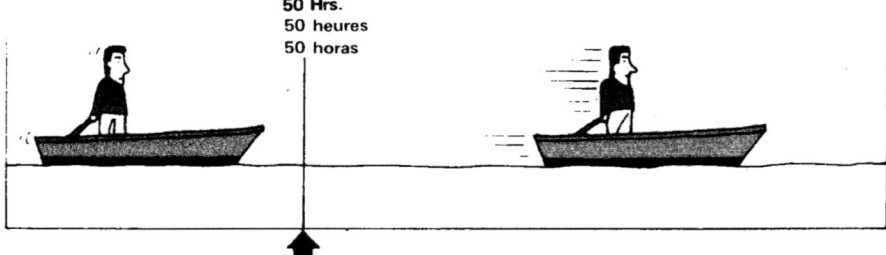

50 Hrs.
50 heures
50 horas

After the running in period, retighten any important nuts and bolts that are loose.

Après la période de rodage, resserer les visses et ècrous perdus

Después del período de puesta a punto del motor, reajustar todos los pernos y tuercas que estén desajustados.

PREPARATION
PREPARATION
PREPARACION

1. **Fuel oil**
1. **Combustible**
1. **Aceite combustible**

[1-1] Fuel tank
[1-1] Le réservoir de combustible
[1-1] Tanque de combustible

1) Fill the fuel tank.
1) Remplir le réservoir
1) Llenar el tanque de combustible.
2) Open the fuel cock.
2) Ouvrir le robinet de combustible
2) Abrir el grifo de combustible.

[1-2] Checking fuel injection
[1-2] Vérifier l'injection de combustible
[1-2] Chequeo de la inyeccion de combustible

1) Set the speed control lever to LOW position and the gear lever to NEUTRAL.
1) Placer le levier de règlage sur "low" et placer l'inverseur au point mort ("Neutral")
1) Fijar la palanca de velocidades en la posición LOW y la palanca de embrague en NEUTRAL.

2) Disengage the decompression lever and turn the starting handle two or three times to hear the sound of fuel injection.
2) Soulever la mannette de décompression et tourner la manivelle de lancement deux ou trois fois pour écouter le bruit de l'injection.
2) Desenganchar la palanca de decompresión y girar la palanca de arranque dos o tres veces para escuchar el sonido de inyección de combustible.

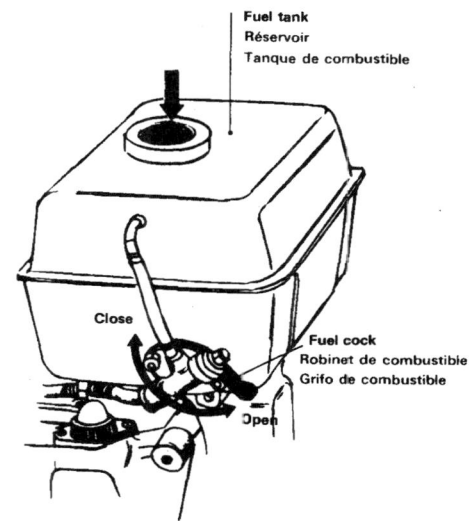

Fuel tank
Réservoir
Tanque de combustible

Close

Fuel cock
Robinet de combustible
Grifo de combustible

Open

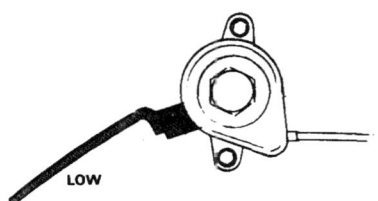

LOW

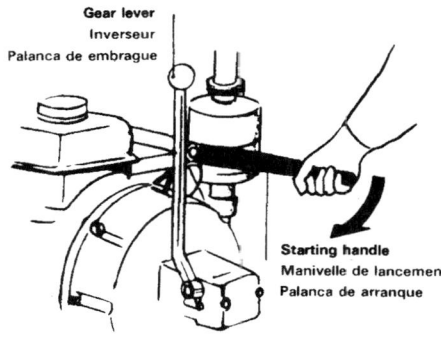

Gear lever
Inverseur
Palanca de embrague

Starting handle
Manivelle de lancement
Palanca de arranque

— 8 —

3) If the proper injection sound cannot be heard, refer to AIR VENTING on page 19.

3) Si le bruit caractéristique d'une bonne injection ne se fait pas entendre à ce sujet, voir au chapitre VENTILATION D'AIR page 19.

3) Si el sonido de inyección adecuado, no es escuchado, referirse a DESALOJO DE AIRE en la página 19.

2. Lubricating oil 2. L'huile de graissage 2. Aceite lubricante

[2-1] Crankcase/clutch case
[2-1] Le carter de moteur / le carter de transmission
[2-1] Caja de direccion/embrague

1) Check the oil level with the lub. oil dipstick and add fresh oil until the level reaches the upper mark on the dipstick.

1) Vérifier le niveau d'huile avec la jauge de niveau d'huile et ajouter de l'huile fraiche jusqu'au repère supérieur de la jauge.

1) Chequear el nivel de aceite con el medidor de inmersión de aceite lubricante y añadir aceite nuevo hasta que su nivel alcance la marca superior del medidor de inmersión.

2) When checking the oil level, do not screw the lub. oil dipstick in.

2) Lors de la vérification du niveau d'huile, éviter d'enfoncer la jauge de niveau d'huile.

2) Al chequear el nivel de aceite, no girar el medidor de inmersión de aceite lubricante.

Note) ★ Avoid both overfilling and underfilling.
★ The correct oil level can only be determined when the boat is level.

Note) Eviter la suralimentation ainsi que la sous-alimentation.
Le niveau correct d'huile ne peut être déterminé que lorsque le bateau est bien horizontal.

Nota) ★ Evitar las cargas de aceite excesivas, tanto como las insuficientes.
★ El nivel correcto de aceite, puede ser correctamente determinado sólo cuando la embarcación está en posición horizontal.

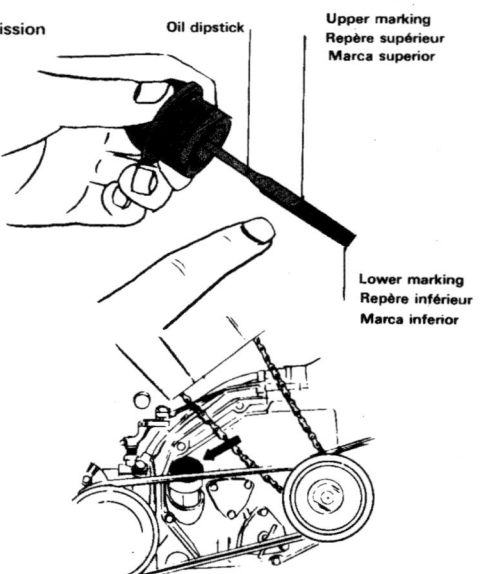

Oil dipstick

Upper marking
Repère supérieur
Marca superior

Lower marking
Repère inférieur
Marca inferior

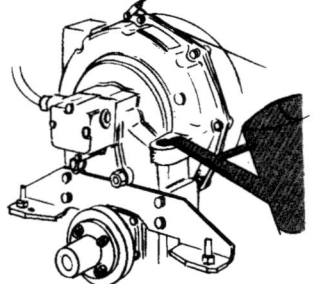

[2-2] Lub. oil strainer
[2-2] Épurateur d'huile de graissage

Turn the handle to both left and right to remove dirt from the strainer element.

Tourner le volant de droite à gauche pour ôter les saletés de l'élement du filtre.

Girar la manija a derecha e izquierda para eliminar la suciedad del filtro del colador.

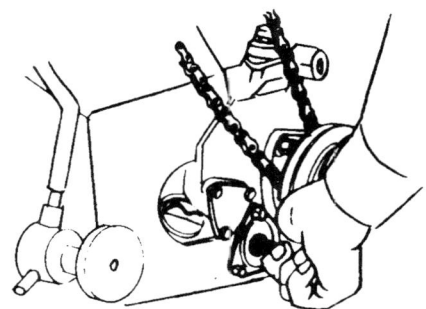

[2-3] Lubrication of each part
[2-3] Lubrification de chaque partie
[2-3] Aceitado de piezas

1) Starting chain.

1) Chaine de lancement.

1) Cadena de arranque.

2) Starting chain free gear metal

2) Pignon à chaine en métal

2) Metal del engranaje libre de la cadena de arranque.

3) Starting shaft bearing

3) Les paliers de l'arbre de lancement

3) Conexión del árbol de inicio.

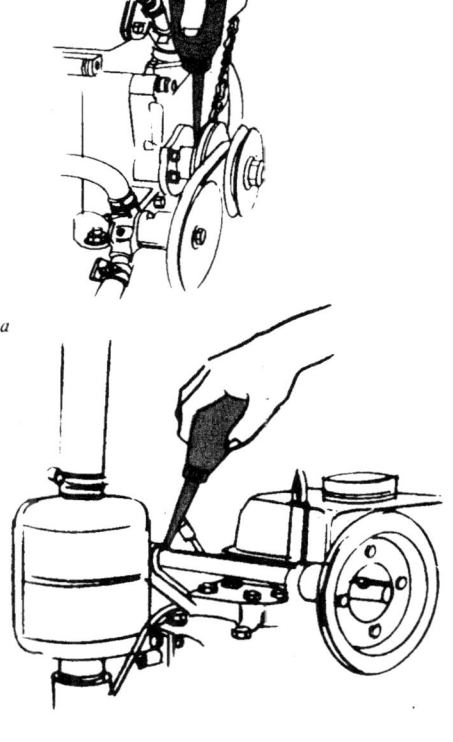

IV

STARTING
DEMARRAGE
ARRANQUE

1. Starting
1. Démarrage
1. Arranque

[1-1] Hand starting
[1-1] Démarrage à la manivelle   [1-1] Arranque manual

1) Set the gear lever to NEUTRAL.

1) Placer le levier des vitesses au point mort (NEUTRAL)

1) Fijar la palanca de embrague en NEUTRAL.

2) Set the speed control lever to FULL.

2) Placer le levier de règlage de la vitesse sur FULL.

2) Colocar la palanca de velocidades en FULL.

3) Disengage the decompression lever and turn the starting handle vigorously 5 or 6 times.
When it sufficient momentum has been obtained, release the decompression lever and turn the starting handle firmly.

3) Dégager la manette de décompression et tourner la manivelle vigoureusement 5 à 6 fois. Lorsque le moteur se trouvé bien lancé, débrayer le levier de décompression et tourner vigoureusement la manivelle.

3) Desenganchar la palanca de decompresion y girar vigorosamente palanca de arrangue unas 5 ó 6 veces.
Cuando haya obtenido suficiente fuerza de inercia, liberar la palanca de decompresión y girar firmemente la palanca de arranque

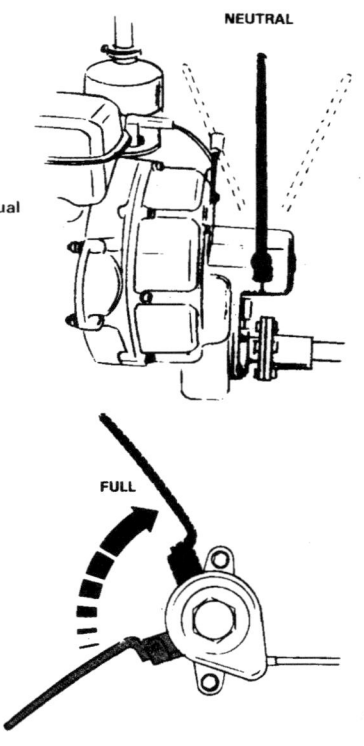

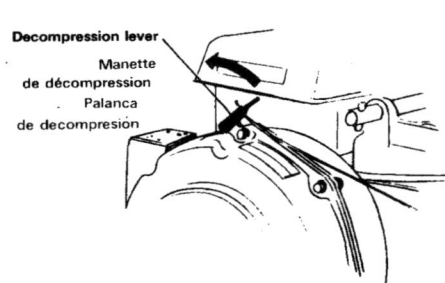

[1-2] Electrical starting
[1-2] Démarrage électrique   **[1-2] Arranque eléctrico**

1) Set the gear lever to NEUTRAL.
1) Placer le levier de règlage sur le point mort (NEUTRAL)
1) Fijar la palanca de embrague en NEUTRAL.

2) Set the speed control lever to FULL.
2) Placer le levier de règlage de la vitesse sur FULL.
2) Colocar la palanca de velocidades en FULL.

3) Turn on the battery switch.
3) Tourner le commutateur de la batterie.
3) Encender el conmutador de la bateria.

4) Disengage the decompression lever and turn the starting key to the START-ING position until the engine gains momentum. Then release the decompression lever.
4) Soulever la manette de décompression et tourner la clé sur la position on-marche jusqu'à ce que le moteur se trouvé bien lancé. Ensuite, lâcher la manette le levier de décompression.
4) Desenganchar la palanca de decompresión y girar la llave de arranque hacia la posición STARTING hasta que el motor obtenga suficiente fuerza.
Liberar luego, la palanca de decompresión.

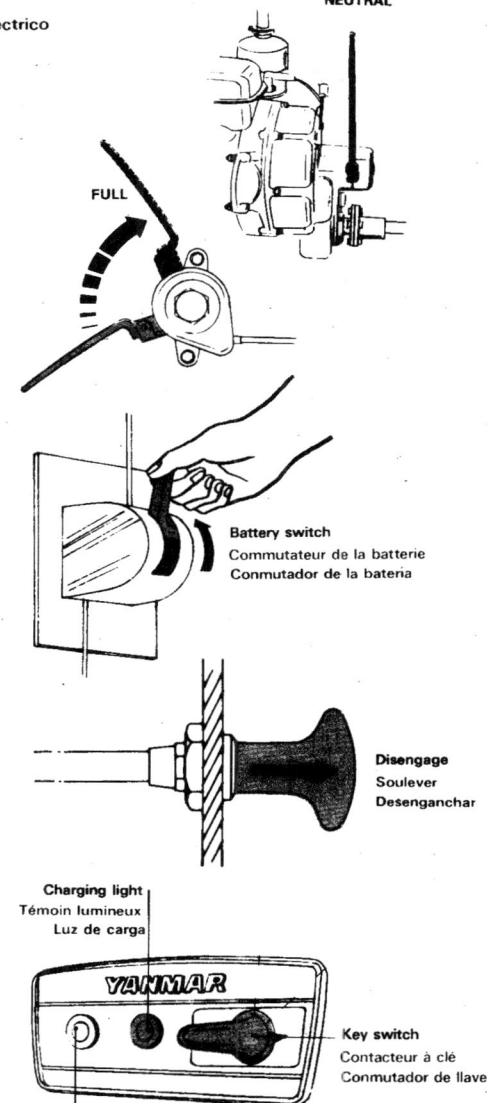

— 12 —

Note) 1) Do not run the starting motor for more than 10 seconds at a time.
Should the engine fail to start, wait for about 30 seconds before operating the starting motor again.
2) Release the starting key to the original position as soon as the engine starts.
3) Do not turn the battery switch off while the engine is running.
4) Be sure to check that both the charging light and the oil pressure warning light go off.

Note) 1) Eviter de faire marcher le moteur pour le lancer pendant plus de 10 secondes en un coup. Si le moteur refuse de partir, attendre environ 30 secondes pour refaire la même opération.
2) Remettre la clé dans sa position initiale aussitôt que le moteur se sera mis en marche.
3) Ne pas éteindre le commutateur de la batterie pendant la marche du moteur.
4) Vérifier que le témoin lumineux (chargement batterie) et celui de la pression d'huile s'éteignent.

Nota) 1) No hacer funcionar el motor de arranque por más de 10 segundos cada vez.
Si el motor fallase al arrancar, esperar unos 30 segundos, antes de iniciar nuevamente el motor de arranque.
2) Retournar la llave de arranque a su posición original tan pronto como el motor arranque.
3) No apagar el conmutador de la batería mientras el motor esté funcionando.
4) Asegurarse de chequear que tanto la luz de carga, como la luz de advertencia de presión de aceite, se apagan.

Wiring Diagram   Shéma de câblage
Diagrama del cableado

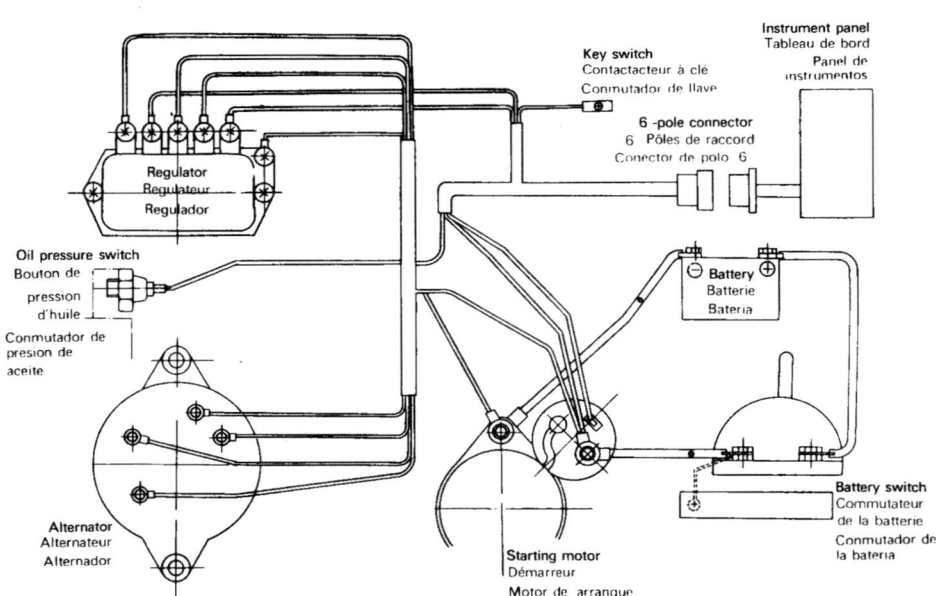

2. For improved starting   2. Pour améliorer le lancement du moteur
2. Para mejorar el arranque

In winter, and in colder areas, when the engine fails to start easily, prime it by pouring a little gasoline in through the gasoline cap to be installed on the intake manifold.

Note) If too much gasoline is used in priming, it may cause knocking and/or loss of compression.

Par temps particulièrement froid et en hiver, lorsque le moteur ne démarre pas très bien, verser un peu d'essence dans la tubulure d'admission. Veiller à ne pas verser trop d'essence, ceci risquerait de faire cogner le moteur et provoquerait des pertes de compression.

Note) Une suralimentation déssence au début peut entrainer des cognements et des fuites de compression.

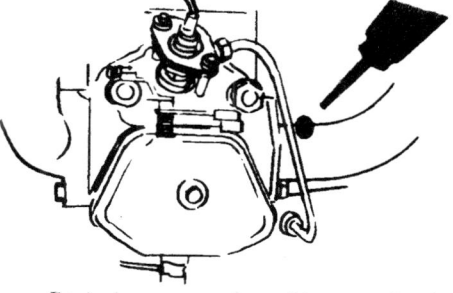

En invierno o en áreas frias, cuando el motor falla en su arranque con facilidad, cebarla, vertiendo un poco de gasolina a través del tapón de gasolina instalado sobre las aberturas múltiples.

Nota) Si se utiliza demasiada gasolina en la cebadura, ello puede ocasionar atascamiento y/o pérdida de compresión.

3. Warming up
3. Réchauffement du moteur
3. Calentamiento

1) Run the engine without load for at least five minutes.

1) Laisser tourner le moteur au ralenti pendant au moins 5 minutes.

1) Accionar el motor sin carga durante cinco minutos por lo menos.

2) If the engine is running normally, engage low speed with the clutch and then gradually increase speed.

2) Si le moteur fonctionne normalement, embrayer à la vitesse "low" puis accetérer progressivement.

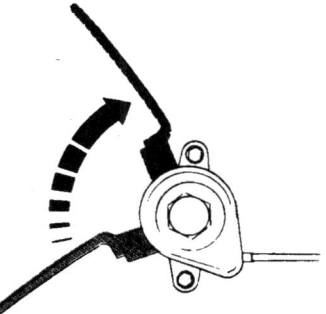

2) Si el motor está funcionando normalmente, poner a la baja velocidad con el embrague y luego, aumentar la velocidad gradualmente.

Check points	Points a verifier	Puntos a chequear
Lub. oil pressure	Pression de l'huile de graissage	Presion de aceite lubricante
Oil leakage	Perte d'huile	Perdida de aceite
Water leakage	Perte d'eau	Perdida de agua
Gas leakage	Perte de gaz	Perdidatde gasolina
Abnormal sound	Bruits anormaux	Sonido anormal
Lights (Charging and L.O. warning) (for electrical starting)	Lumieres (temoin lumineux de charge et d'huile de graissage (pour les moteurs a demarrage electriques)	Luces (de carga y de aviso de aceite lubricante) (para el arranque electrico)

POINTS TO CHECK DURING OPERATION
POINTS A VERIFIER PENDANT L'OPERATION
PUNTOS A CHEQUEAR DURANTE LA OPERACION

1. Fuel oil
1. Combustible
1. Aceite combustible

1) Check the fuel oil level gauge on the fuel tank.
2) Be sure to add fuel before the gauge shows emptiness.

1) Vérifier le niveau de carburant dans le réservoir de combustible avec la jauge de niveau d'huile.
2) Ne pas manquer d'alimenter le réservoir avant que la jauge n'indique vide.

1) Chequear el indicador de nivel de aceite combustible del tanque de combustible.
2) Asegurarse de añadir combustible, antes de que el indicador señale vacuidad.

2. Lubricating oil
2. Huile de graissage
2. Aceite lubricante

Fuel oil level gauge
Jauge de niveau d'huile
Indicador de nivel de aceite combustible

Oil indicater
Indicateur d'huile
Indicador de aceite

1) Check the oil indicator to see that the lubricating oil is circulating properly. If the oil is not circulating, shut the engine down immediately and be sure to check the volume of lub. oil. (For hand starting)
1) Vérifier l'indicateur d'huile pour s'assurer que la circulation de l'huile de graissage se fait normalement. Si la circulation se fait mal, arrêter le moteur et vérifier tout de suite le volume d'huile (pour le démarrage à la manivelle).
1) Chequear el indicador de aceite para ver si el aceite lubricante está circulando adecuadamente.
Si el aceite no está circulando, detener el motor inmediatamente y asegurarse de chequear el volumen de aceite lubricante. (Para el arranque manual).

2) Check that the oil pressure warning light is OFF. (For electrical starting)

2) Vérifier si le témoin lumineux de pression d'huile est éteint (pour les moteurs à démarrage électrique)

2) Chequear que la luz de advertencia de la presión de aceite esté en OFF. (Para el arranque eléctrico)

3. Cooling water
3. Eau de refroidissement
3. Agua de enfriamiento

Check occasionally that the cooling water is coming out of the cooling water outlet.

De temps en temps vérifier si l'eau de refroidissement sort de la tubulure de refoulement

Chequear de cuando en cuando que el agua de enfriamiento esté saliendo por la tubería del agua de enfriamiento.

Charging light
Témoin lumineux
Luz de carga

Key switch
Contacteur à clé
Conmutador de llave

Oil pressure warning light
Témoin de la pression d'huile s'étignent
Luz de advertencia de presion de aceite

4. Exhaust gas
4. Gaz d'échappement
4. Gas de escape

Check the colour of the exhaust.
Excessively black exhaust fumes indicate that the load is too great and should be reduced.

Vérifier la couleur des gaz d'échappement. Une fumée noire indique que le moteur est surchargé et que la charge doit être réduite.

Chequear el color del escape.
Un escape excesivo de humo negro, indica que la carga es demasiado alta y debe ser reducida.

5. Abnormal sound   5. Bruits anormaux   5. Sonido anormal

If the engine produces unusual noises during operating, stop the engine immediately and check it carefully.

Si le moteur produit des sons anormaux pendant l'opération arreter immédiatement le moteur et vérifier minutieusement.

Si el motor produce sonidos extraños durante la operación detener el motor inmediatamente y chequearlo en forma cuidadosa.

VI

STOPPING
ARRET
DETENCION

1) Gradually reduce the speed to LOW.
1) Réduire la vitesse peu à peu jusqu'à LOW.
1) Reducir gradualmente la velocidad a LOW.

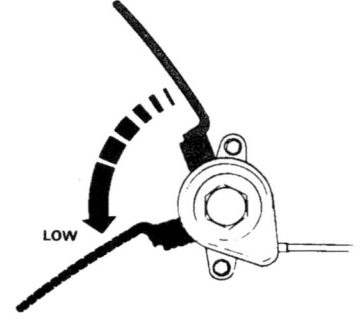

2) Put the gear lever to NEUTRAL, let the engine idle, then set the speed control lever to STOP.
Note) Never use the decompression lever to stop the engine.

2) Placer le levier inverseur sur le point mort, et laisser le moteur tourner au ralenti ensuite placer la manette de règlage de vitesse sur arrêt.
Note) Ne jamais employer la manette de décompression pour arrêter le moteur.

2) Fijar la palanca de engranaje en NEUTRAL, dejando el motor sin engranar; luego, fijar también la palanca de velocidades en STOP.
Nota) No utilizar nunca la palanca de decompresión para detener el motor.

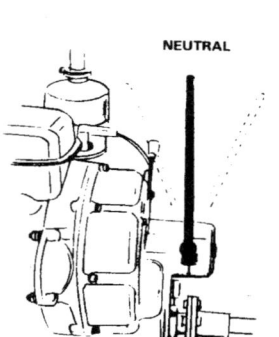

3) Put the fuel cock to the CLOSE position.
3) Fermer le robinet de combustible.
3) Colocar el grifo de combustible en la posición CLOSE.

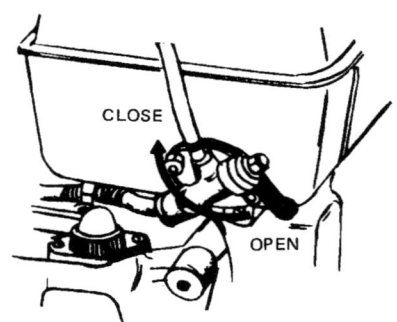

4) If the cooling water is likely to freeze, owing to the weather or other factors, drain it out in the following way:

4) Par temps très froid, vider l'eau de refroidissement, pour éviter le gel, de la façon suivante:

4) Si el agua de enfriamiento puede congelarse debido al mal tiempo u otros factores, drenarlo de la siguiente manera:

[4-1] Close the kingston cock.
[4-1] Fermer la vanne de prise d'eau.
[4-1] Cerrar la válvula kingston.

[4-2] Open the cooling water drain cock under the cylinder head.
[4-2] Vider l'eau de l'intérieur de moteur en ouvrant le robinet de vidange en dessous de la culasse.
[4-2] Abrir el grifo de drenaje del agua de enfriamiento, ubicado debajo de la cabeza del cilindro.

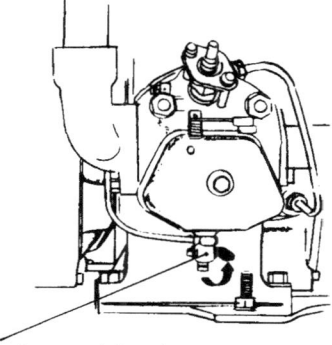

Cooling water drain cock
Robinet d'evacuation de l'eau de refroidissement
Grifo de drenaje para el agua de enfriamiento

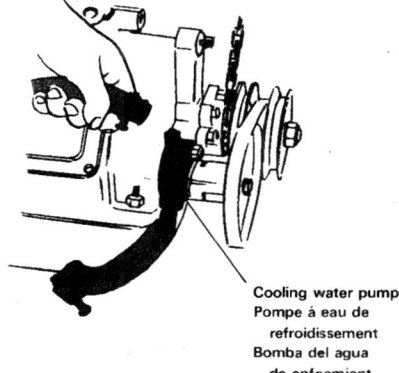

Cooling water pump
Pompe à eau de refroidissement
Bomba del agua de enfriamient

[4-3] Remove both the inlet and outlet pipes for the cooling water pump, then turn the engine several times with starting handle to discharge the water from inside the cooling water pump. After following the above procedure, connect both pipes as before.

[4-3] Désserer et enlever les tuyaux flexibles d'arrivée et de refoulement de la pompe à eau, ensuite tourner le moteur plusieurs fois à la manivelle pour vider l'intérieur de la pompe à eau.
Après cette opération, rejoindre les deux tuyaux dans leur position initiale.

[4-3] Retirar las tuberías de entrada y salida para la bomba de agua de enfriamiento, luego, hacer girar el motor varias veces mediante la palanca de arranque, para descargar el agua del interior de la bomba del agua de enfriamiento. Después de realizar el procedimiento descrito, conectar nuevamente las tuberías.

AIR VENTING
VENTILATION D'AIR
DESALOJO DE AIRE

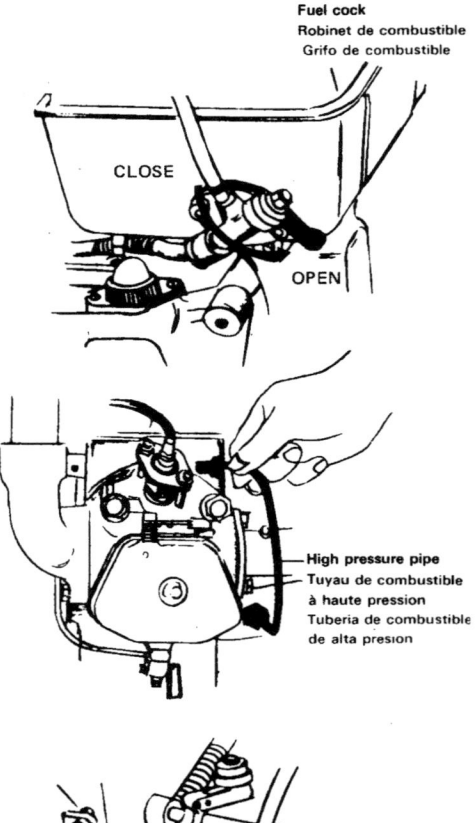

Fuel cock
Robinet de combustible
Grifo de combustible

High pressure pipe
Tuyau de combustible
à haute pression
Tuberia de combustible
de alta presion

1) Open the fuel cock.
1) Ouvrir le robinet de combustible.
1) Abrir el grifo de combustible.

2) Remove the nipples at both ends of the high pressure fuel pipe.
2) Desserrer les raccords à chaque extrémité du tuyau de combustible à haute pression.
2) Retirar los boquillas en ambos extremos de la tubería de combustible de alta presión.

3) Loosen the delivery valve holder so that fuel comes out of the fuel injection pump.
   If fuel doesn't flow out through the pump, turn the engine over with the starting handle.
3) Desserrer le raccord du côté clapet de refoulement de manière àce que le combustible s'écoule de la pompe d'injection de combustible. Si le combustible ne s'écoule pas, faite tourner le moteur avec la manivelle.
3) Aflojar la mordaza de la válvula de emisión de tal manera que el combustible salga desde la bomba de inyección de combustible.
   Si el combustible no sale a través de la bomba, girar el motor con la palanca de arranque.

4) Be sure to tighten the holder firmly after airfree fuel appears.
4) Resserrer bien le raccord après le débarrassement de tout cirt du combustible.
4) Asegurarse de ajustar el receptáculo firmemente, después de que el combustible libre de aire aparezca.

5) Connect one side of the high pressure pipe to the holder and tighten the nipple.
5) Faite rejoindre le tuyau de haute pression avec le raccord du côté clapet de refoulement et resserrer le raccord du côté pompe à injection.
5) Conectar un lado de la tubería de alta presión al receptáculo y ajustar la boquilla.

6) Set the speed control lever to the FULL position.
6) Placer le régulateur de la vitesse sur FULL.
6) Fijar la palanca de velocidades en la posición FULL.

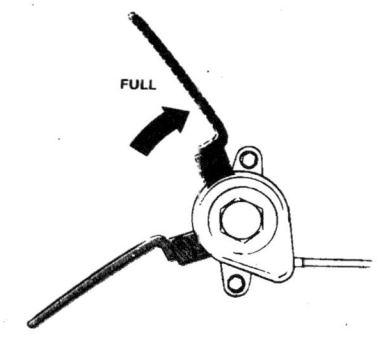

7) Turn the starting handle about 20 — 30 times until the air in the high pressure pipe comes out.
7) Tourner la manivelle 20 à 30 fois jusqu'à ce que l'air s'échappe du tuyau de haute pression.
7) Manipular la palanca de arranque unas 20 ó 30 veces hasta que el aire en la tubería de alta presión sea completamente desalojado.

8) Tighten the nipple on the side of the injection valve, further turn the starting handle until the sound of injection comes from the fuel injection valve.
8) Resserrer le raccord du côté clapet à injection, puis tourner la manivelle jusqu'à l'apparition caractéristique du bruit de l'injection.
8) Ajustar la boquilla del lado de la válvula de inyección. Finalmente, girar la palanca de arranque hasta que el sonido de la inyección se escuche desde la válvula de inyección de combustible.

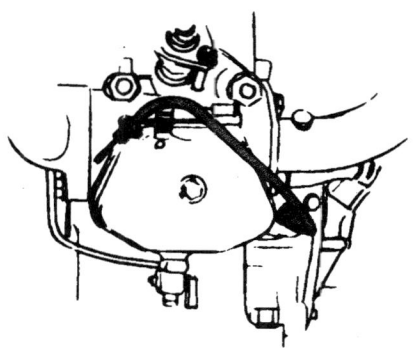

By this procedure, air can be completely vented from the fuel line.

De cette manière, on peut chasser complètement l'air du tuyau de combustible.

Mediante este procedimiento, el aire puede ser completamente desalojado de la línea de combustible.

ADJUSTMENT OF FUEL-INJECTION REGULATOR
AJUSTEMENT DU REGULATEUR D'INJECTION
AJUSTE DEL REGULADOR DE INYECCION DE COMBUSTIBLE

When the sound of injection is indistinct, adjust the fuel injection regulator in the following way:

1) Loosen the locknut (4) on the connecting screw (3).
2) Turn the connecting screw (3) 90 degrees anticlockwise so that the punch mark on it faces you.
3) Tighten the locknut (4) securely.
   If further adjustment becomes necessary, this should be done as follows:

1) Loosen screw (2), nut (8) and locknut (4).
2) Set the speed control lever to the FULL position.
3) Put the connecting screw (3) so that the punch mark on it faces the cylinder block side and also is parallel to the pump adjusting lever (1).
4) Screw the regulator spindle (7) until it tightens lightly.
5) Tighten the screw (2), nut (8) while holding the lever (1) with your hand to prevent it moving.
6) Turn the screw (3) 90 degrees anticlockwise and then fix it with the nut (4).
Note) Do not bring the pump adjusting lever into contact with the regulator body (9).
   Do not bring the bottom of the connecting screw into contact with the pump adjusting lever (1).

Lorsque le bruit de l'injection ne s'entend pas bien, ajuster le régulateur d'injection de combustible de la manière suivante:

1) Desserrer le contre-ecrou (4) de la vis d'assemblage (3).
2) Tourner la vis d'assemblage (3) de 90° suivant la flèche (sens contraire des aiguilles d'une montre) pour placer le repère vers l'avant.
3) Resserrer à bloc le contre-écrou (4).
   Si le régulateur doit être réglé à nouveau, procéder de la manière suivante:

1) Desserrer la vis (2), l'écrou (8) et le contre-écrou (4).
2) Placer le régulateur de la vitesse sur FULL.
3) Placer la vis de connexion (3) de façon à ce que le repère fasse face au cylindre et soit également parallèle au levier de reglage de la pompe (1).
4) Serrer l'arbre du régulateur (7) pour obtenir un serrage léger.
5) Serrer la vis (2), l'écrou (8) en immobillsant avec la main le levier (1).
6) Tourner la vis dé connection (3) de 90° dans le sens contraire des aiguilles d'une montre et la freiner pat l'écrou (4).
Note) Faire en sorte que le levier de réglage de la pompe ne touche pas le siège du régulateur (9).
   La vis de connexion ne doit pas toucher le levier de la pompe (1).

Cuando el sonido de inyección no es apropiado, ajustar el regulador de inyección de combustible, de la siguiente manera:

1) Aflojar la tuerca de fijación (4) del perno de conexión (3).
2) Girar el perno de conexión (3), 90° contra las agujas del reloj de tal manera, que la marca sobre él quede hacia Ud.
3) Ajustar la tuerca de fijación (4) con firmeza.
   Si es necesario un nuevo ajuste, asegurarse de realizarlo de la siguiente manera:
1) Aflojar el perno (2), la tuerca (8) y la tuerca de fijación (4).
2) Fijar la palanca de velocidades en la posición FULL.
3) Colocar el perno de conexión (3), de tal modo que la marca sobre él dé hacia el lado del bloque del cilindro y en paralelo con la palanca reguladora de la bomba (1).
4) Atornillar la aguja reguladora (7), hasta que se ajuste ligeramente.
5) Ajustar el perno (2), y la tuerca (8) sosteniendo la palanca (1) con su mano, para prevenir cualquier movimiento.
6) Girar el tornillo (3), 90° contra las agujas del reloj y luego fijarlo con la tuerca (4).

Nota) Colocar la palanca reguladora de la bomba sobre el cuerpo regulador (9), dejaudo un espacio.
Colocar la base del perno de conexión sobre la palanca reguladora de la bomba (1), dejando un espacio.

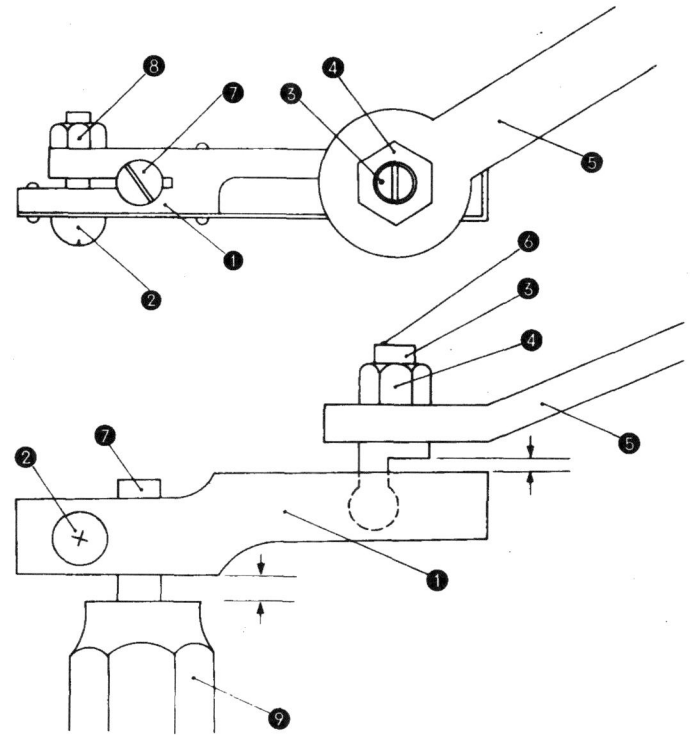

IX

PERIODICAL DO-IT-YOURSELF CHECK
VERIFICATIONS PERIODIQUES
CHEQUEO PERIODICO POR CUENTA PROPIA

In order to keep the engine in top running condition, carry out a regular maintenance check.
In this way small malfunction can be detected and corrected before they lead to a serious engine failure.

Les vérifications périodiques sont d'importance vitales pour maintenir le moteur en bon état de fonctionnement. Les programmes d'entretien peuvent varier suivant les conditions d'exploitation, le type de carburant, la qualité de l'huile de graissage, etc., mais le tableau ci-dessous peut néanmoins servir de planification de principe. Pour plus de détails, consulter les différents chapitres intéressés.

Con el objeto de mantener el motor en las mejores condiciones para trabajar, efectúe una revisión regular de mantenimiento. De este modo se pueden detectar y corregir pequeños desperfectos, antes de que sepuedan provocar una falla seria del motor.

	Items to check Opération Items por chequear	Daily Quotid Diario	Every 100 hours Toutes les 100h Cada 100 horas	Every 250 hours Toutes les 250h Cada 250 horas	Every 500 hours Toutes les 500h Cada 500 horas	Note Note Nota
Fuel oil Combustible	Check and refill Vérifier et parfaire le plein Chequeo y realimentación	O				
	Drain fuel Evacuer les dépôts Drenaje del aceite combustible		(Avant de faire le plein) (Antes de la realimentación)			
Acéite combustible	Clean and replace fuel filter element La cartouche Limpieza y reemplazo del filtro de combustible		(Clean) Nettoyer) (Limpieza) O		(Replace) (Remplacer) (Reemplazo)	Fig.1
	Check oil level in crank case and clutch case Vérif. moteur et embrayage Chequeo del nivel de aceite en la caja de dirección y en la caja de embrague	O				
Lub oil	Lubrication (starting shaft chain, etc.) Huiler les accessoires Lubricación (cadena del árbol de inicio, etc.)	O				
L'huile de graissage	Turn lub oil filter handle Tourner la poignée du filtre Giro de la palanca del filtro de aceite lubricante	O				
Aceite lubricante	Disassemble and clean lub oil filter Nettoyage du filtre Desmontaje y limpieza del filtro de aceite lubricante			O		
	Change lub oil in crank case Vidanger l'huile de carter Cambio de aceite lubricante en la cárter del eigüeñal			O		Fig.3
	Change lub oil in clutch case Vidanger l'huile d'embrayage Cambio de aceite lubricante en la cárter de embrague				O	
Cooling water Eau de refroidissement Agua de enfriamiento	Drain Vidanger l'eau Drenaje		(After operation in cold weather) (Après se servir du moteur par temps froid) (Después del funcionamiento en estaciones frías)			Fig.4
	Check cooling water circulation Vérifier la circulation d'eau Chequeo de la circulación del agua de enfriamiento	O				
Fuel injection pump, **fuel injection valve**	Check fuel injection sound Vérifier le bruit de l'injection Chequeo del sonido de inyección de combustible	O				
Pompe d'injection de combustible clapet d'injection de combustible	Adjust fuel injection regulator Ajuster le régulateur Ajuste del regulador de inyección de combustible				*O	
Bomba de inyección de combustible válvula de inyección de combustible	Check fuel injection timing Vérifier le calage Chequeo del tiempo de inyección de combustible				*O	
	Clean needle valve Nettoyer le pointeau Limpieza de la válvula de aguja				*O	
	Re-ignition Resserrage Reajuste		O			
	Adjust intake and exhaust valve clearance Ajuster le jeu des soupapes Ajuste de luz de escape y toma de la válvula		O			
Cylinder head	Clean combustion surface Décalaminer Limpieza de la superficie de combustión				*O	
Culasse	Clean precombustion chamber Nettoyer chambre pré-combustion Limpieza de la cámara de precombustión				*O	
Cabezal del cilindro	Lap intake and exhaust valves Nettoyer les soupapes d'admission et d'échappement Lijado de las válvula de entrada y salida				*O	Fig.5
	Check valve stems and valve guides Vérifier guides et soupapes Chequeo del tronco de la v´hula y de las guías de las válvulas				*O	
Clean breather valve Nettoyage du reniflard Limpieza del aspirador de la válvula				O		
Check belt tension (cooling water pump and generator belts) Vérifier la tension des courroies Chequeo de la tensión de la correa (correas de la bomba del agua de enfriamiento y del generador)				O		
Replace anticorrosive zinc Remplacer l'anode de zinc Reemplazo de la cubierta de zinc anticorrosiva					*O	
Disassemble piston, check rings Vérifier pistons et segments Desmontaje del pistón, chequeo de anillos					*O	

— 23 — — 24 —

IX

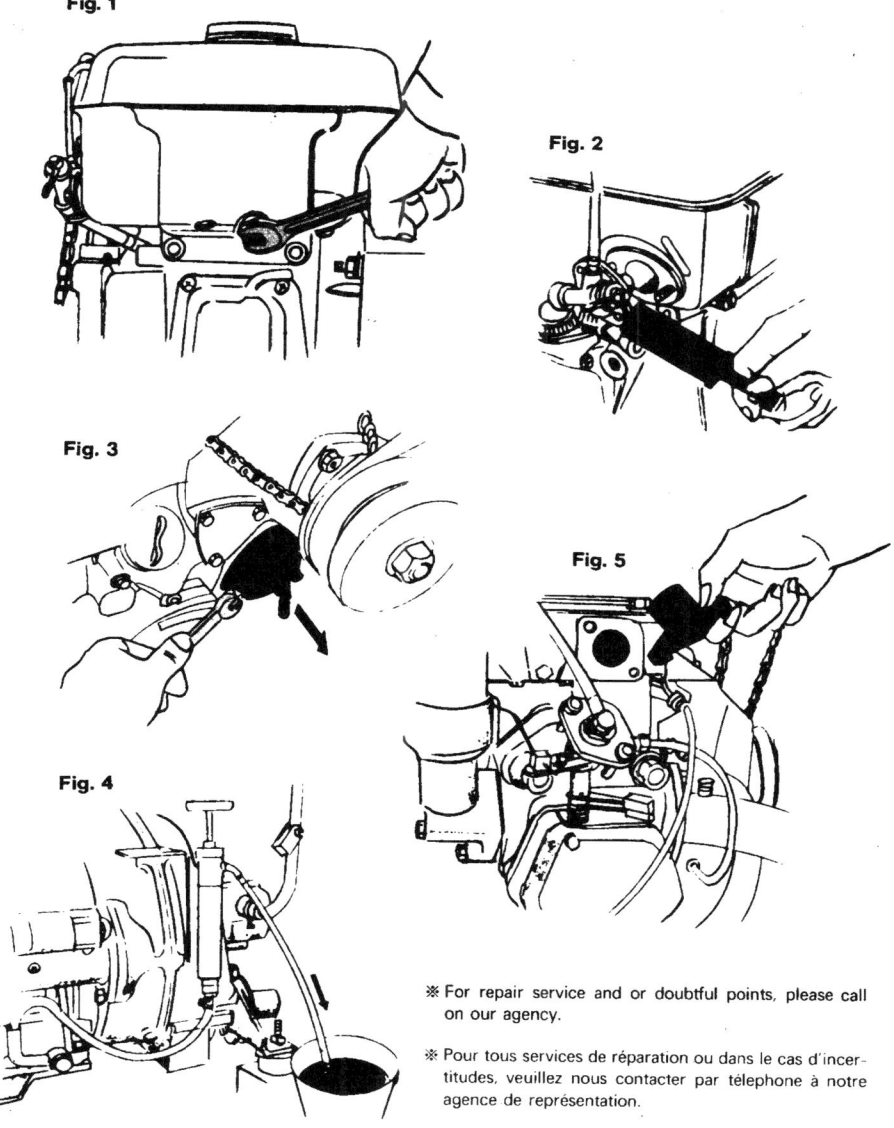

Fig. 1

Fig. 2

Fig. 3

Fig. 5

Fig. 4

※ For repair service and or doubtful points, please call on our agency.

※ Pour tous services de réparation ou dans le cas d'incertitudes, veuillez nous contacter par téléphone à notre agence de représentation.

※ Para los servicios de reparación o cualquier duda, consúltenos en la agencia.

NAME OF FAST MOVING PARTS

1. Drain plug for lub. oil
2. Packing for lub. oil drain plug
3. Gasket packing for cylinder head
4. Cylinder liner Assy
5. Rubber packing for cylinder liner
6. Packing for cylinder rear cover
7. Intake valve
8. Exhaust valve
9. Springs for intake/exhaust valves
10. Retainer for valve head
11. Retainer for valve spring
12. Cotter for valve spring
13. Drain cock for cooling water
14. Rocker arm Assy for intake valve
15. Rocker arm Assy for exhaust valve
16. Adjusting screw for valve clearance
17. Nut for adjusting screw
18. Rear chamber
19. Packing for precombustion chamber
20. Insulator for chamber
21. Packing for bonnet
22. Packing for exhaust silencer
23. Packing for intake pipe
24. Push rod
25. Roller Assy for F.I. Pump
26. Main bearing
27. Oil seal
28. Packing for flywheel housing
29. Main bearing
30. Main thrust bearing
31. Piston Assy
32. Piston ring set
33. Piston pin
34. Bush for piston pin

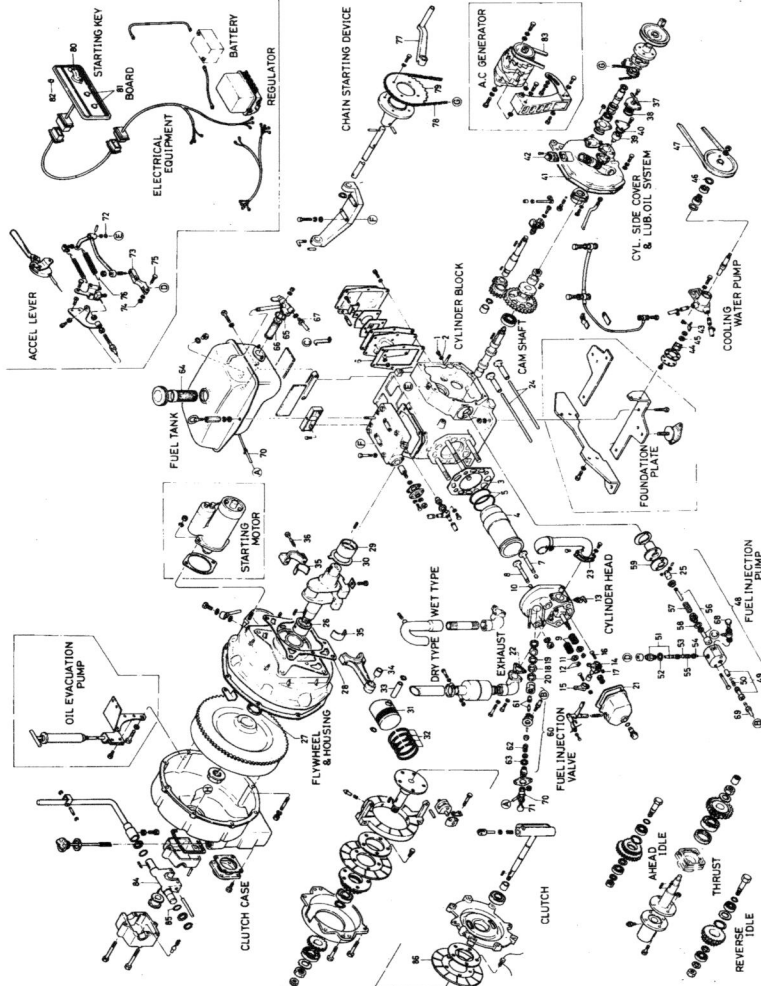

35. Bearing for connecting rod
36. Bolt for connecting rod
37. Strainer for lub. oil
38. O-ring for lub. oil strainer
39. Rotor Assy for lub. oil pump
40. O-ring for lub. oil pump cover
41. Packing for cylinder side cover
42. Oiler Assy
43. Water siled plate for cooling water pump
44. Impeller for cooling water pump
45. Seal for cooling water pump
46. Circlip for C.W. pump shaft
47. V-belt
48. F.I. pump Assy
49. Delivery valve
50. Spring for delivery valve
51. Regulator body with spindle
52. Packing for regulator body
53. O-ring for regulator
54. Valve for regulator
55. Spring for regulator valve
56. Plunger with barrel
57. Spring for plunger
58. Packing for plunger barrel screw
59. Packing for pump body
60. F.I. valve Assy
61. F.I. valve with case
62. Spring for F.I. valve
63. Packing for valve spring holder
64. Inlet strainer for fuel tank
65. O-ring for fuel cock
66. Outlet strainer for fuel tank
67. Fuel oil pipe
68. Bolt for pipe joint
69. Fuel injection pipe
70. F.O. return pipe
71. Bolt for pipe joint
72. Needle bearing
73. F.I. pump lever
74. Nut for pump adjusting lever
75. Bolt for pump adjusting lever
76. Regulator spring
77. Starting handle
78. Roller chain
79. Sprocket wheel
80. Starting switch with key
81. Lamps, charging/lub. oil warning
82. Fuse
83. V-belt for generator driven
84. Bush for shifter
85. O-ring for shifter
86. Friction disc